Stern-Rezepte

Widder

UMSCHAU

Gabriele Gugetzer • Karin Stahlhut

Widder

21.03. – 20.04.

Rezepte für Liebe, Erfolg und Glück

UMSCHAU

Inhalt

Einleitung
Drei Sterne für den Widder 8

Vorspeisen
Räucherforelle im Salat mit Bleichsellerie 18
Französische Gemüseplatte...................................... 20
    Feine Erbsen mit Kopfsalat 20
    Glasierte Karotten 21
    Keniabohnen mit schwarzen Oliven und Tomatenstücken .. 22
Nüsse zum Apéritif... 24
Artischocken-Dip aus einer amerikanischen Feuerwehrstation .. 25
Pipérade 26
Mini-Kartoffeln vom Rost mit Cajungewürz 27
Potage Crécy 28
Pâté en croûte de jambon 30
Walnussbrot 34
Venezianische Scampi 35
Japanischer Nudelsalat mit Pistazienkernen 36
Für Widder ist ein Kraut gewachsen 38
    Estragonessig 38
    Tomatensuppe mit Basilikum 39
Drei Farben: Rot... 40
    Rote Bete mit Koriandergrün 40
    Püree aus gerösteten roten Paprika 40
    Süßpikantes Tomatengelee 41

Perlgraupensuppe mit griechischem Jogurt 42
Mezebüffet 44
    Hummus. 44
    Gefüllte Weinblätter. 45
    Falafel 46
    Imam bayildi – Der Imam fällt in Ohnmacht. 47

Hauptgerichte

Coq au Riesling 50
Engelshaarpasta mit Scampi – Ihr Glücksrezept 51
Pasta-Quickie – Ihr Erfolgsrezept 52
Marokkanisches Huhn mit Oliven in der *tajine*. 54
    Süßkartoffelpüree 55
Ratatouille mit Couscous. 56
    Couscous. 57
New York Steak mit Meerrettich-Glasur. 58
Lämmchen mit Pariser Bohnensalat 59
Zander im Salzteig. 60
Fondue mit feinen Beilagen 62
    Brühe. 62
    Eiersalat 62
    Preiselbeermarmelade. 62
    Champignonsalat 63
Salat vom warmen Lachs mit Haselnuss-Lauch. 64
Lachsfilet mit *beurre rouge*, lauwarmen Linsen und Püree 66
    Linsen 67
    Püree aus Esskastanien 67
Hackfleischröllchen inspiriert von der Pekingente 68
»Susi & Strolch«-Spaghetti. 70

Desserts

Tarte au citron 74
Guglhupf mit Rotwein 75
Vanilleeis mit frischer Kokosnuss 76
Birnentarte 78
Überraschungstörtchen mit weißer Füllung 79
Zuviel-Schokolade-gibt-es-nicht-Kuchen – Ihr Liebesrezept ... 80
Orangenkuchen 82
Labne mit Früchten 83
Supersexy Cupcakes 84
    Cupcakes mit Orangenaroma 84
    Elegante Krümelmonster 85

Die besonderen Seiten des Widders

Sushi-Sandwich – Das Rausschmeißerrezept 88
    Ponzu-Sauce 89
Das Liebesmenü des Widders 90
Das Glücksmenü des Widders 91
Das Erfolgsmenü des Widders 92

Register

Impressum

Drei Sterne für den Widder

Nein, ich bin nicht böse oder gar eifersüchtig auf Sternbilder, die in der Milchstraße so kompliziert vor sich hinglitzern, dass man ein Lexikon braucht, um zu kapieren, dass man – aha! – den Skorpion vor sich hat, den – achso! – Steinbock oder – ach nee! – den Löwen. Drei Sterne reichen mir völlig aus. Kassiopeia, weiß und strahlend, Cetus und Perseus. Geradlinig, ein kleiner Schlenker. Basta. Mehr braucht es nicht, um die Klarheit des Widders und seinen Willen, Macht über die Materie zu gewinnen, sternenmäßig zu dokumentieren.

Was man am Firmament erblickt (oja, ich bin poetischer Diktion durchaus mächtig!) findet seine Mensch gewordene Entsprechung in allen, die das Glück haben, in der Zeit vom 21. März bis 20. April zum ersten Mal in das Licht dieser Welt zu blinzeln. Viele von uns tun mit markerschütterndem Gebrüll kund, dass sie hochmotiviert sind, den Kampf, der ihnen ab jetzt die nächsten Jahre ins Haus steht, aufzunehmen.

Widderbabys sind laut, egoistisch und zielstrebig – ein charakterliches Dreigestirn, das ihnen Zeit ihres Lebens erhalten bleiben wird, es sei denn, sie werden von irgendwelchen weicheierigen Aszendenten (ich sage nur: Krebs) so psychotherapeutisch bearbeitet, dass sie Sozialpädagogik studieren und sich mit den Blähungen benachteiligter Halbwüchsiger beschäftigen. Was nicht so selten vorkommt, wie Sie vielleicht denken.

Widder gehen durch die Wand, was sich leicht an ihrem astrologischen Zeichen, den zwei nach unten gedrehten Hörnern ablesen lässt, sind bar jeder Sensibilität, ein unbearbeiteter Klotz der Schöpfung – das ist das Vorurteil, unter dem wir zu leiden haben.

Die Wahrheit ist: Mit diesem zugegeben etwas rustikalen Seelenstyling bemänteln wir lediglich sehr geschickt unsere verborgene, seidenzarte Seite, die sich bei Filmen wie »Vom Winde verweht« (Scarlett ist schließlich eine von uns) mit einem Tränenstrom Bahn bricht, der alle beschämen müsste, die genervt mit den Augen rollen, sobald das böse Wort mit W fällt. Wenn sie es erleben würden. Tun sie aber nicht. Wir schließen zwar schnell Freundschaft, lassen aber nur wenige in unser Herz blicken.

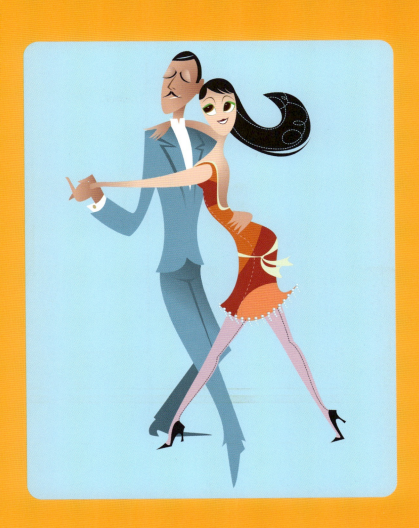

Nun werde ich kitschig. Schluss damit, wir müssen uns nicht erklären. Eigentlich wollte ich nur sagen, dass wir nicht eifersüchtig auf andere Sternzeichen sind – aber sie auf uns. Denn unbestritten ist: Im Anfang ist die Tat – und das heißt: Im Anfang ist der Widder! Jawohl, wir preschen los, wenn es ein Ziel gibt, wir schieben die Dinge an und sind überzeugt davon, dass nichts unmöglich ist. Wir glauben an Wunder und wollen mit unserer Leistung dazu beitragen, dass eines geschieht – was uns nicht selten auch gelingt.

Das macht uns unter den restlichen elf Sternzeichen nicht gerade beliebt und natürlich versuchen sie mit Argumentationen der abenteuerlichsten Art unsere Erfolge und das, was uns im Innersten zusammenhält, ins Lächerliche zu ziehen. Am übelsten treiben es dabei die Fische, die mit gequältem Gesichtsausdruck verbreiten, der Widder möge zwar am Anfang stehen, dass jedoch genau deshalb sein Wesen doch recht simpel strukturiert sei; ein Steinzeit-Zeichen im Vergleich zu den anderen, unbehauen und mental eher sparsam entwickelt. Die Fische dagegen bildeten das Ende, gleichsam den Lassowurf, der alle anderen Zeichen in sich vereine, das Positive wie das Negative, mithin seien sie die komplexesten Zeichen und als solche unantastbar, würdig und weise. Dass sie dabei vergessen, zu erwähnen, dass sie wahre Umstandskrämer und nicht in der Lage sind, einen Nagel in die Wand zu schlagen – sei's drum.

Was ich allen Kritikern, egal ob Fische oder was weiß ich, allerdings wirklich übelnehme (allerdings nicht sehr lange, da wir nicht nachtragend sind), ist, dass sie alle drei Entwicklungsebenen des Widders unter den Tisch fallen lassen, die die Esoterische Astrologie entdeckt hat, die uns um einiges gerechter analysiert als der Rest der Astro-Sippe.

Demnach durchlaufen wir drei Stadien der Persönlichkeit. Im ersten lernen wir, uns in dieser Welt zu behaupten und koste es was es wolle, zu siegen – was im Wesentlichen dem gängigen Klischee entspricht. Das zweite Stadium überrascht; es ist die Zeit, in der wir Stärke und Mut durch die Kraft des Denkens zu beweisen suchen und in der wir ganz nebenbei Führungsqualitäten und Fingerspitzengefühl entwickeln. Die dritte Phase schließlich bringt man so gut wie nie mit der Widder-Qualität in Verbindung: Jetzt entdecken wir die Kraft der Spiritualität, die uns endgültig vom Pfad des Hau-drauf-und-siege ins gelassene Sein führt, wo Achtsamkeit und mildes Lächeln Regie führen.

Ha, nicht schlecht, was! Einige von uns (zugegeben die Minderheit) sind sogar in der Lage, diese Phasen turbomäßig in einem Leben durchzuziehen, andere brauchen ein paar Inkarnationen mehr.

Mit solchen Charakterdeutungen halten wir uns indes nicht lange auf und machen einfach unser Ding. Wir fahren Geländewagen, lieben die Farbe Rot, arbeiten als Geheimagenten und Journalisten, lieben leidenschaftlich, aber nicht sehr ausdauernd, explodieren häufig, gehen ständig an unsere Grenzen, sind gutgläubig bis naiv, steigen nach einem K.o. sofort wieder in den Ring – und verschwenden kaum einen dankbaren Gedanken an die Gnade der guten Gene, die uns in die Erbanlagen gelegt worden sind.

Doch an dieser Stelle soll es einmal gesagt werden: Wir werden nicht dick. Falls uns keins der behäbigeren Sternzeichen in Gestalt eines Mondknoten ins schlanke Werk pfuscht, erspart der notorische Bewegungsdrang, der uns zum Joggen, Walken, Inlineskaten ins Freie treibt, die Hängepartien der Schwerkraft, hält die Muskeln sehnig, den Po straff und den Bauch flach.

Und so ist es uns gegeben, zu schlemmen und zu schmausen, zu köcheln und zu kreieren und die Köstlichkeiten dieser Welt in uns aufzunehmen wie Manna und Nektar. Wir lieben es, neue hippe Restaurants zu testen und immer mal wieder tausend Leute einzuladen und mit links ein superbes Drei-Gänge-Menü zu zaubern. Wir vertragen Deftiges und Scharfes, lieben Einfaches und Raffiniertes, sind offen für kulinarische Experimente, absoluter Fan animalisch-feinen Fingerfoods und kriegen nicht genug von diesem Gefühl, das sich so himmlisch zwischen Zunge und Gaumen entwickelt, dass es mehr als drei Sterne verdient hätte.

Vorspeisen

Räucherforelle im Salat mit Bleichsellerie

Zum Comeback der 60er gehört die Räucherforelle. Sie zierte damals Küchengerät aus Porzellan und Feldspat, das ein typischer Widder beim Polterabend eher zögernd – Widder halten viel von Freiheit – und beim Beziehungskrach eher willig – Widder halten nichts vom umständlichen Ausdiskutieren von Problemen – an die Wand gedonnert hat. Dank des 60er-Jahre Revivals werden für solches Küchengerät nun hohe Preise gezahlt. Ob das dem Widder Mäßigung beibringt?

Zwiebel in eine Schüssel geben, mit Salz bestreuen und 10 Minuten ziehen lassen. Abspülen, trocken tupfen. Dieser Vorgang macht sie bekömmlicher und entfernt den intensiven Zwiebelgeruch. Salat und Bleichsellerie mit der Zwiebel auf einer großen Platte anrichten. Limettensaft, Olivenöl, Schmand und Meerrettich zu einem pikanten Dressing verschlagen, abschmecken. Forellenfilets auf dem Salat dekorieren, mit Dressing beträufeln. Darauf die Kapernäpfel anrichten.

1/2 kleine rote Zwiebel, in feinen Ringen
1 Bleichsellerieherz, diagonal in feine Streifen geschnitten
1 Blattsalat, in mundgerechte Stücke geteilt
Saft von 1/2 Limette
3 EL Olivenöl extra vergine
100 g Schmand
2-3 EL Meerrettich, frisch gerieben
Salz und schwarzer Pfeffer aus der Mühle
200 g Räucherforellenfilets, in mundgerechten Stücken
100 g Kapernäpfel

Französische Gemüseplatte

Auch wenn's nicht typisch Widder ist, nehmen Sie sich Zeit und Muße für den Gang über Ihren Wochenmarkt, wenn Sie die Zutaten aussuchen. Auf Reifegrad und gute Qualität kommt es an bei diesen Rezepten, sonst erinnert das Ganze nicht an Vitamine, sondern Kantine.

Feine Erbsen mit Kopfsalat

Alle Zutaten in Salzwasser geben, einmal aufkochen, dann 15 Minuten ohne Deckel weich garen lassen, bis die Kochflüssigkeit verdampft ist. Auf einer Platte hübsch anrichten.

1 Kopfsalat, Außerblätter entfernt, längs in sechs Stücke geteilt, gewaschen, abgetropft
100 g TK-Erbsen (alternativ 250 g frische Erbsen in der Schale, gepult)
1 Hand voll Perlzwiebeln, geschält
1/2 Bund glatte Petersilie, fein gehackt
3 EL Butter
Salz
1 EL Zucker

Glasierte Karotten

1 Bund Möhren, geschält,
1 EL Sesamöl (Asia-Laden)
1 TL Kreuzkümmel, gemahlen
1 EL Salz
1 Chilischote
2 EL Honig
4 EL Butter
Saft von 1 Orange
1/2 Bund Koriandergrün

Alle Zutaten in einem großen Topf einmal aufkochen lassen, dann abgedeckt 20 Minuten garen. Zwischendurch den Feuchtigkeitsgehalt überprüfen; bei Bedarf noch etwas Wasser angießen. Nach 20 Minuten Deckel entfernen und bei Niedrighitze unter mehrfachem Schütteln weich garen. Der Honig überzieht nun die Möhren mit einer feinen Glasur. Vor dem Servieren die Chilischote entfernen.

Keniabohnen mit schwarzen Oliven und Tomatenstücken

Bohnen in Salzwasser mit den Knoblauchzehen aufkochen lassen, dann 10 Minuten weich garen. Abgießen, mit Oliven und Tomaten mengen und mit einem Dressing aus Olivenöl, Essig, Senf, Salz und Pfeffer beträufeln.

200 g Keniabohnen, von den Enden befreit
2 Knoblauchzehen in der Schale
50 g schwarze Oliven ohne Stein
200 g Tomaten, enthäutet, ohne Samen
3 EL Olivenöl extra vergine
1 EL weißer Balsamicoessig
1/2 TL Dijonsenf
Salz und schwarzer Pfeffer aus der Mühle

Nüsse zum Apéritif

Passen zum ungestümen Temperament des Widders. Im Handumdrehen fertig und gezündelt werden darf auch, während Ihre Gäste auf der Terrasse, im Ostflügel, am Kamin oder einfach auch auf dem Balkon Ihres wunderschönen Ein-Zimmer-Appartements den Drink nehmen.

Butter in einer beschichteten Pfanne zerlassen, Salz und Zucker unterrühren. Nüsse und Rosmarin zugeben, mehrere Minuten bei Mittelhitze unter Rütteln der Pfanne bräunen. Whisky angießen und flambieren. Noch warm servieren.

2 EL Butter
1 TL Salz
1 TL Zucker
100 g ganze Mandeln, ohne Schale
1 Rosmarinzweig, Nadeln abgerebelt, ganz fein gehackt
2 EL Whisky

Artischocken-Dip aus einer amerikanischen Feuerwehrstation

Amerikanische Feuerwehrleute sind berühmt für Mut und Muskeln – und Kochkünste. Zusammen essen schweißt eben zusammen. Außerdem scheint es attraktiv zu machen. Wie sonst wäre es zu erklären, dass jede x-beliebige amerikanische Stadt kein Problem hat, den jährlichen Feuerwehrkalender mit fast völlig ausgezogenen Prachtexemplaren aus dem örtlichen Feuerwehrhaus zu bestücken? Knifflige Zusammenhänge wie diese fordern den Wissensdurst des Widders heraus: Da ließe sich bestimmt eine schlüssige Theorie entwickeln zwischen Artischockenherzen, lodernden Bränden, Tabasco und Männerfreundschaft...

400 g-Dose Artischockenherzen, abgetropft
100 ml Schmand
4 EL gute Mayonnaise
4 EL Parmesan, frisch gerieben
1 kleine Hand voll glatte Petersilie, gehackt
einige Spritzer Tabasco

Alle Zutaten mit dem Zauberstab oder in der Küchenmaschine pürieren. In einer hübschen Schüssel anrichten und mit Gemüsestäbchen oder Kartoffelchips servieren. Alternativ in eine ofenfeste Form füllen und bei 180 °C 30 Minuten backen. Schmeckt dann warm, aber auch kalt.

Pipérade

Wieso klingt's und schmeckt's aus Frankreich immer raffinierter? Denn eigentlich ist eine Pipérade nur eine Tomatensuppe, aber so aromatisch, dass sie eher einer Tomaten-Infusion ähnelt. Für intensive Aromen ist der intensiv l(i)ebende Widder immer zu haben.

Olivenöl in einem Topf heiß werden lassen. Hitze reduzieren. Knoblauch und rote Zwiebel darin unter Rühren garen, bis sie Aroma entwickeln. Tomaten und Paprika zugeben, Salz einstreuen, Honig unterrühren, mit Piment d'Espelette oder Rosenpaprika würzen. Aufkochen lassen, dann bei Niedrighitze abgedeckt. 25 Minuten weich garen. Durch eine Flotte Lotte pürieren; alternativ durch ein Haarsieb abseihen und die Zutaten dabei fest ausdrücken. Bei Wunsch mit etwas Hühnerfond aufgießen. Dampfend heiß in vier Suppenteller gießen. In einer kleinen Pfanne Butter erhitzen, bis sie schaumig ist. Wachteleier in die Pfanne schlagen, leicht salzen und pfeffern und 3 Minuten braten. Aus der Pfanne heben, auf den Tellern verteilen. Schinken im Bratfett bei leichter Hitze 2-3 Minuten knusprig garen. Auf den Tellern neben den Wachteleiern anrichten. Mit Bauernbrot servieren.

4 EL Olivenöl
2 Knoblauchzehen, abgezogen, fein gehackt
1 rote Zwiebel, abgezogen, fein gehackt
1 kg reife Tomaten, in Stücken
500 g rote Paprika, ohne Samen, in Stücken
1 EL Salz
1 EL Honig
1-2 TL Piment d'Espelette (alternativ 1 Msp. Rosenpaprika)
2 EL Butter
4 Wachteleier
4 Scheiben Bayonne-Schinken
4 Scheiben hauchdünn aufgeschnittenes Bauernbrot, getoastet

Mini-Kartoffeln vom Rost mit Cajungewürz

Knoblauch ist ein Allheilmittel für den Widder. Vielleicht schützt es sogar vor Fehlgriffen in der Liebe. Obwohl dieser Schutz dann nicht esoterisch, sondern aromatisch zu verstehen ist. Im Sommer sind diese Mini-Kartoffeln übrigens ein ganzes Gericht; lassen sich prima vernaschen beim Picknick oder beim Open-Air-Konzert. Wobei wir wieder beim Thema Vernaschen wären…

1 kg Mini-Kartoffeln, gewaschen, in der Schale, längs halbiert
6 ganze Knoblauchzehen mit Schale
4 ganze Vogelaugenchilis oder andere frische kleine Chilis
4 EL Olivenöl extra vergine
1 EL Salz
1 Tütchen Cajun-Gewürz
Saft von 1 Limette

Ofen auf 180° C vorheizen. Backblech mit Backpapier auslegen. Kartoffeln mit der Schnittfläche nach unten darauf eng aneinander anrichten. Knoblauchzehen und Chilies dazwischenstecken. Mit Olivenöl beträufeln. Mit Salz und Cajun-Gewürz bestreuen. 40 Minuten backen, bis sie weich sind. Aus dem Ofen nehmen, mit Limettensaft begießen, gut durchrühren, nochmals 10 Minuten garen, bis die Außenhaut ledrig ist.

Potage Crécy

> Hat Sie doch einer dieser widerspenstigen Mondknoten beim Wickel, der Ihnen beim Erhalt der schlanken Linie dazwischenspukt? Versuchen Sie es mit der französischen Variante der Diät, einer Suppe.

Schalotten bei Niedrighitze in Butter anschwitzen, bis sie glasig werden. Möhren, Kartoffelstücke und Reis unterrühren, bis sie einen zarten Butterfilm haben. Lorbeerblatt zugeben. Hühnerbrühe angießen und vorsichtig würzen. Abgedeckt 30 Minuten köcheln, bis die Möhren ganz weich sind. In der Küchenmaschine oder mit dem Zauberstab pürieren. Dann durch ein Sieb streichen; dieser Schritt ist etwas mühsam, macht aber eine feine Suppe. Und nicht zu vergessen: feste Oberarme. Sahne unterziehen. Mit Kräutern garniert servieren.

2 Schalotten, abgezogen, fein gehackt
60 g Butter
500 g Möhren, geschält, in längeren Stücken
1 Kartoffel, geschält, gewürfelt
3 EL roher Reis
1 Lorbeerblatt
1 l Hühnerbrühe
Salz und schwarzer Pfeffer aus der Mühle
60 ml Sahne
je nach jahreszeitlicher Verfügbarkeit:
1/2 Bund Kerbel oder
1/2 Bund glatte Petersilie, fein gehackt

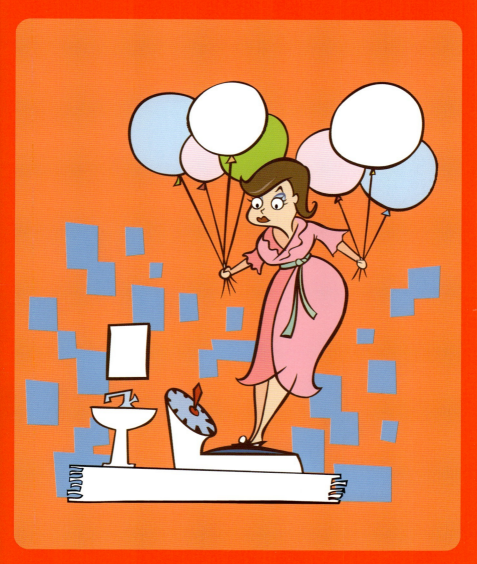

Pâté en croûte de jambon

Diese klassische französische Schinkenpastete erfordert wenig Können und viel Geduld. Natürlich hat ein Widder keine Geduld. Aber es täte ihm und seiner Umwelt gut, wenn er statt mit dem Kopf durch die Wand mal mit diesem Rezept in die Küche gehen würde. Was er ernten wird, ist Begeisterung.

600 g Mehl
300 g eiskalte Butter, in Stücken
1 TL Salz
1 Prise Muskat
1 Ei
50-80 ml eiskaltes Wasser
300 g schieres Schweinefleisch, vom Metzger durch den Fleischwolf gedreht
200 g schierer Speck, vom Metzger hauchfein geschnitten, zu Hause noch gewürfelt

1 rohe Bratwurst ohne Haut
400 g Kasseler Rippenspeer
1 große Knoblauchzehe, abgezogen, zerdrückt
1 EL grobes Meersalz
10 Pfefferkörner
1 EL Paprika edelsüss
3 Zweige Thymian, Blättchen abgerebelt
1/2 TL Macis am Stück
1 Lorbeerblatt
3 Nelken
1/2 TL Pimentkörner
1 EL Trüffelöl

50 g Pistazienkerne
1 Ei, verquirlt
2 Schweinefüße, sorgfältig unter kalt fließendem Wasser gesäubert (für das Gelee)
1 Tütchen weiße Gelatine
2 Lorbeerblätter
1 Zwiebel, geschält
3 Nelken
1 großes, frisches Salbeiblatt
2 Stängel getrockneter Majoran
3 EL trockener Sherry

Mehl auf einer sauberen Arbeitsfläche ausbreiten. In der Mitte eine Mulde bilden. Butter, Salz, Muskatnuss, Ei und 50 ml Wasser in die Mulde geben und mit den Fingern verreiben. Langsam Mehl einarbeiten und zu einem Teig verkneten. Bleibt er zu trocken, noch Wasser zugeben. Hält er gerade zusammen und klebt nicht mehr, in Küchenfolie wickeln und im Kühlschrank 30 Minuten ruhen lassen. Unterdessen die Füllung vorbereiten: Schieres Schweinefleisch, schieren Speck und Brät (Bratwurst ohne Haut) in einer Schüssel mengen. 100 g Kasseler ebenfalls fein würfeln. Das restliche Kassler in gleich große Stücke schneiden, die als Mittelteil einer Kastenform von 2,5 l dienen. Knoblauch, Salz, Pfeffer, Paprika, Thymian, Macis, Lorbeerblatt, Nelken, Pimentkörner in einer Mörser zu einer Würzmischung zerdrücken (alternativ in eine Plastiktüte füllen und mit einem schweren Gegenstand zerkleinern). Würzmischung mit Trüffelöl und Pistazienkernen in die Füllung einarbeiten, gut salzen. Ofen auf 230 °C vorheizen. Teig auf einer bemehlten Arbeitsfläche knapp 1 Zentimeter dick als Rechteck ausrollen.

Die Kastenform dient als »Vorlage« für insgesamt 4 gleich große Stücke und zwei kleine Seiten. Teig in die eingefettete Form einpassen; den Deckel und etwaige Teigreste beiseite stellen. Die Hälfte der Farce in die Form füllen. Die Fleischstücke nebeneinander legen. Die restliche Farce an den Seiten und über den Fleischstücken verstreichen. Teigreste an den Seiten über die Farce klappen. In den Deckel 2 fingerdicke Luftlöcher schneiden. Deckel über die Ränder klappen und sorgfältig an die Teigseiten drücken. Mit einer Gabel ein gleichmäßiges Muster in den Rand drücken; das sieht hübsch aus und schließt den Teig zuverlässig ab. Aus Teigresten bei Wunsch kleine Verzierungen (Blätter, Kreise, Rauten) schneiden und diese auf dem Deckel andrücken. Sorgfältig mit dem verquirlten Ei bestreichen. 20 Minuten bei hoher Hitze backen, dann bei 180 °C 30 Minuten. Vollständig auskühlen lassen.

Unterdessen die Schweinefüße mit kaltem Wasser bedecken. Gelatine im Wasser lösen. Lorbeerblätter, die Zwiebel, Nelken, Salbei und Majoran zugeben, einmal aufwallen lassen; Schaum ablöffeln. Abgedeckt 40 Minuten köcheln, dann die Flüssigkeit abgießen und auffangen. Sherry einrühren. Im Kühlschrank fest werden lassen. Ist das Gelee ganz fest geworden, kann es weiter verarbeitet werden. Dazu wird es nochmal bei Zimmertemperatur erwärmt, bis es flüssig geworden ist und dann durch die Luftlöcher in die Pastete eingegossen. Wieder fest werden lassen. Pastete auf einer großen Platte mit Cornichons garniert servieren.

Walnussbrot

Braucht ein bisschen Geduld, aber Hefe verzeiht alles. Im Gegenteil: Teig wird sogar besser, wenn man genervt an ihm rumknufft. Praktisch, denn nicht jeder Widder besitzt trotz großer Knuffsucht einen Sandsack.

Mehle mit dem Salz in einer großen Schüssel mengen. Hefe und Honig in 250 ml lauwarmem Wasser lösen; wenn sich an der Oberfläche Schaum bildet und das Wasser einen säuerlichen Geruch annimmt, ist die Hefe aktiviert. Mit einer Gabel unter das Mehl ziehen, dann Öl angießen. Mit den Händen zu einem Ball formen und kneten, bis er elastisch wird. In die Schüssel geben, mit Küchenfolie abdecken und an einem warmen, nicht zugigen Ort 1 Stunde auf das Doppelte gehen lassen. Ofen und ein Backblech auf 180° C vorheizen. Teig ein weiteres Mal kneten und die Walnusskerne einarbeiten. Eine längliche Backform mit Backpapier auslegen. Den Teig in die Backform geben und diagonal im Abstand von 3-4 Zentimeter fingertief einschneiden. Reismehl mit 3 EL Wasser verquirlen und den Teig damit bestreichen; so gibt's eine schöne Kruste. 40-45 Minuten backen. Gartest: Nehmen Sie den Laib aus der Form und klopfen Sie auf die Unterseite. Wenn es hohl klingt, ist das Brot durchgebacken.

- 250 g Vollkornmehl
- 250 g backstarkes Weizenmehl (Type 550)
- 2 EL Salz
- 1 Tütchen Hefe
- 1 EL Honig
- 50 ml Walnussöl
- 100 g Walnusskerne, grob gehackt
- 1 EL Reismehl

Venezianische Scampi

Ein klares eindeutiges Geschmackserlebnis, ohne Firlefanz, ohne Umwege, so, wie Widder sind. Selbst wenn sie sich in ihrer soundsovielten Reinkarnation befinden. Machen wir uns doch nichts vor...

50 ml Olivenöl extra vergine
1 Knoblauchzehe, abgezogen
Salz
400 g Scampi, mit Schale, entdarmt
400 g Borlotti-Bohnen aus der Dose, abgetropft, abgespült
1 TL weißer Balsamicoessig
Saft von 1/2 Zitrone
Salz und schwarzer Pfeffer aus der Mühle
1 großer Radicchio, idealerweise der längliche Treviso, in ganzen Blättern, gewaschen

1,5 EL Olivenöl in einer Pfanne erhitzen. Unterdessen die Knoblauchzehe mit Salz bestreuen. Nach 1-2 Minuten lässt sie sich leicht zu einem Mus zerdrücken Knoblauchmus mit den Scampi in das erhitzte Öl geben und unter häufigem Schütteln bei mittlerer Hitze 4-5 Minuten weich garen, bis die Scampi ihre Farbe verändern. Aus der Pfanne heben. Borlotti-Bohnen im Sud einige Minuten erwärmen und marinieren. Unterdessen Scampi schälen. Aus den restlichen Zutaten ein Dressing zubereiten. Bohnen und Scampi auf die Radicchioblätter verteilen, mit dem Dressing beträufeln.

Japanischer Nudelsalat mit Pistazienkernen

Gesunde Ernährung steht für den typischen Widder im gleichen Regal wie Hokuspokus. Rechts drehender Chai-Tee oder linkslastiges Functional Food… damit gibt sich der Widder nicht ab. Aber wer so wie er aus schierer Gewohnheit den Energiehaushalt ständig bis zum Anschlag oder darüber hinaus ausschöpft, muss zumindest auf Balance achten. Hier sind es die unterschiedlichen Grüntöne, die beruhigend wirken.

Nudeln nach Packungsangabe garen. Unterdessen aus Reisessig, Sesamöl und Sojasauce eine Marinade mengen. Unter die nur leicht abgetropften Nudeln ziehen. Restliche Zutaten unterheben.

250 g Packung Sobanudeln mit grünem Tee-Aroma (Asia-Laden)
2 EL Reisessig
2 TL Sesamöl
3 TL Sojasauce
1 Salatgurke, gewaschen, längs halbiert, in hauchdünnen Scheiben
2 kleine grüne Thai-Chilis, längs halbiert, ohne Samen, in ganz feinen Ringen
100 g Pistazienkerne, etwas zerstoßen

Für Widder ist ein Kraut gewachsen

Kräuter haben heilende und aromatisierende Aufgaben. Estragon passt gut zu Fisch- und Geflügelgerichten und hat eine verdauungsfördernde Wirkung. Basilikum, das den Mittelalter-Dichter Boccaccio zu hocherotischen Gedanken anstiftete, harmoniert ideal mit Tomaten. In Italien findet sich in vielen Hauseingängen ein Basilikumtopf. Das herrliche Aroma lässt sich nämlich durch bloßes Reiben der Pflanzen auf die Fingerspitzen aufnehmen. Ein klassisches Heilkraut, das nicht zum Verzehr geeignet ist, ist Baldrian. Beim Dosieren vorsichtig sein, denn die beruhigende Wirkung kann ins Gegenteil kippen. Schön auch: getrocknete Baldrianblütenstängel. Diese drei Aromaten werden dem Sternbild des Widders zugeordnet und wirken sich stärkend und ausgleichend auf ihn aus.

Estragonessig

Essig mit 3 Estragonstängel ansetzen und in einem dunklen Raum 3 Wochen durchziehen lassen. Stängel entfernen und durch frischen Estragon ersetzen. In hübsche Flaschen abfüllen und dunkel aufbewahren.

3/4 l Weißweinessig
6 lange, schöne Estragonstängel vor der Blüte, gewaschen

Tomatensuppe mit Basilikum

800 g ganz reife Tomaten, gehackt, alternativ: 800 g Dosentomaten, zerkleinert
1 TL Natron
80 g Butter
2 Schalotten, abgezogen, fein gehackt
500 ml Vollmilch
2 EL Mehl
100 ml Sahne
1 EL Honig
Salz und schwarzer Pfeffer aus der Mühle
1 Bund Basilikum, gewaschen

Tomaten mit Natron in der Küchenmaschine oder mit dem Zauberstab pürieren. Butter in einem Topf zerlassen. Schalotten darin weich garen. Milch und Mehl mengen. Zu den Schalotten geben und mit einem Schneebesen gut verrühren. Mit pürierten Tomaten aufgießen. Sahne und Honig angießen. Abgedeckt 15 Minuten köcheln, bis sich die Aromen verbinden. Salzen und pfeffern. Basilikumbund während der letzten 2-3 Minuten Kochzeit in die Suppe hängen, dann entfernen. Nochmals abschmecken. Heiß servieren.

Drei Farben: Rot

Legendärer Mut, gepaart mit Kampfeslust, sexueller Energie, Freude am Abenteuer... Ganz klar: die Lieblingsfarbe des Widders ist rot. Servieren Sie diese Dips in unterschiedlichen Rottönen zu selbst gebackenem Walnussbrot oder geputzten Stangenselleriestückchen.

Rote Bete mit Koriandergrün

Zutaten in der Küchenmaschine oder mit dem Zauberstab pürieren.

400 g-Packung küchenfertige Rote Bete, ohne Saft
1 Bund Koriandergrün
Saft und Zest von 1 Limette
1 TL Korianderkörner, leicht zerstoßen

Püree aus gerösteten roten Paprika

Ofen auf 180 °C vorheizen. Paprikaschoten auf ein Backblech legen und 35 Minuten backen, bis die Zellophanhaut eindunkelt und Blasen schlägt. Paprikaschoten aus dem Ofen nehmen und in einer Plastiktüte mehrere Minuten abkühlen lassen. Nun lässt sich die Zellophanschicht, die für die Unverdaulichkeit von Paprikaschoten verantwortlich ist, leicht ablösen. Paprikaschoten von Samen und Strängen befreien, in der Küchenmaschine oder mit dem Zauberstab mit Salz und Rosenpaprika pürieren.

500 g rote Paprika
1 TL Meersalz
1/2 TL Rosenpaprika

Süßpikantes Tomatengelee

1 kg aromatische Tomaten, gewaschen, gehackt
1 kg Einmachzucker 1:1
3 cm Ingwerwurzel, geschält, fein gehackt
1-3 Thai-Chilis, längs halbiert, ohne Samen, fein gehackt
Saft und Zest von 2 Limetten

2 Unterteller in die Tiefkühltruhe legen. Tomaten mit Einmachzucker in einem größeren Topf aufsetzen, restliche Zutaten unterrühren. Aufkochen lassen und 4 Minuten kochen. Geleeprobe auf den eisgekühlten Tellern machen: Wird das Tomatengelee schnell fest und bildet eine Haut, ist es fertig. Sonst noch länger köcheln lassen. Tomatengelee in ein Haarsieb abgießen, feste Zutaten mit dem Kochlöffel gut ausdrücken. In kleine Einmachgläser füllen. Passt auch gut zu Fisch.

Perlgraupensuppe mit griechischem Jogurt

Diamanten sind die Glückssteine des Widders. Mit etwas widdertypischer Fantasie lassen sich zart schimmernde Graupen durchaus mit Diamanten assoziieren. Und da Widder von Natur aus positiv eingestellt sind, assoziieren sie sie natürlich mit der Größe von Halbkarätern. Mindestens.

Butter bei leichter Hitze in einer Pfanne zerlassen, bis sie schäumt. Schalotten zugeben und bei leichter Hitze 5 Minuten garen. Knoblauch zugeben; darauf achten, dass er nicht anbrennt (und dann bitter schmeckt). Wenn sich die Aromen entwickelt haben, Perlgraupen unterziehen. Brühe angießen. Abgedeckt 25 Minuten weich garen. Pfeffern und salzen. In vier Suppenschüsseln verteilen. In die Mitte der Suppe einen großen Klacks Jogurt setzen. Mit Schnittlauchröllchen bestreut servieren.

4 EL Butter
2 Schalotten, abgezogen, fein gehackt
1 Knoblauchzehe, abgezogen, fein gehackt
150 g Perlgraupen
500 ml Hühnerbrühe
Salz und schwarzer Pfeffer aus der Mühle
200 ml griechischer Jogurt
1/2 Bund Schnittlauch, in feinen Röllchen

Mezebüffet

Die beeindruckende Vielfalt eines orientalischen Mezebüffets kommt dem ausgeprägten Spieltrieb des Widders entgegen. Der botanische Name von Kichererbsen lautet übrigens *Cicer arietinum* und verweist auf die Ähnlichkeit ihrer Form mit der eines Widderschädels (lat. *Aries*). Mit diesen Gerichten stärkt sich der Widder im Sinne einer rituellen »dickköpfigen« Einverleibung; ganz nebenbei auch mit viel Folsäure, Vitamin B und C und Zink.

Hummus

Kichererbsen mit den restlichen Zutaten in einer Küchenmaschine oder mit dem Zauberstab zu einer geschmeidigen Paste verarbeiten. Auf einer Platte 2-3 Zentimeter dick verstreichen und mit einem Löffel im Wellenmuster garnieren.

400 g-Dose küchenfertige Kicherbsen, abgebraust, abgetropft
4 EL Tahinipaste
2 Knoblauchzehen, abgezogen, zerdrückt
Saft von 4 Zitronen
1 Msp. Cayennepfeffer
2 EL Olivenöl

Gefüllte Weinblätter

250 g-Packung Weinblätter (im Exotenregal des Supermarkts)
4 EL Rosinen
250 g Reis
500 ml Hühnerfond
1 Msp. Safran
1 Msp. Piment, zerstoßen
Salz und schwarzer Pfeffer aus der Mühle
100 g Pinienkerne
1/2 Bund glatte Petersilie, fein gehackt
2 Stängel frische Petersilie, fein gehackt
100 ml Olivenöl
Saft von 1 Zitrone

Weinblätter aus der Packung nehmen, in eine flache Schüssel legen und mit kochendem Wasser bedecken. Ofen auf 180 °C vorheizen. Nach 20 Minuten aus der Schüssel nehmen, trockentupfen, auf einem feuchten Küchentuch stapeln. Rosinen in wenig warmem Wasser einweichen. Reis im Hühnerfond weich garen, bis das Kochwasser verdampft ist. Safran und Piment unterziehen. Bei Bedarf salzen und pfeffern. Pinienkerne, abgetropfte Rosinen und Kräuter unterrühren. Weinblätter füllen: Dazu die Blätter mit der Unterseite nach unten legen. In die Mitte 1 EL Füllung geben und das Weinblatt wie ein Päckchen an den Seiten zusammenlegen und nach oben rollen. Gefüllte Weinblätter mit der offenen Seite nach unten in eine ofenfeste Form schichten. Mit Olivenöl und Zitronensaft begießen und 70-80 Minuten im Ofen vollständig weich garen. In der Form abkühlen und servieren.

Falafel

Küchensieb mit einem frischen Küchenhandtuch auslegen und über eine Schüssel hängen. Jogurt darin mehrere Stunden (oder über Nacht) abtropfen lassen, bis er eine Konsistenz aufweist, die an Frischkäse erinnert. Kichererbsen mit Knoblauch, Kreuzkümmel, Kräutern, Chiliflocken, Frühlingszwiebeln und Natron in der Küchenmaschine oder mit dem Zauberstab zu einer glatten Masse verarbeiten. 20 Minuten ruhen lassen. Pflanzenöl in einer Pfanne erhitzen. Masse mit zwei Esslöffeln zu flachen Bällchen formen und im heißen Öl goldbraun und knusprig ausbraten. Auf Küchenkrepp abtropfen lassen. Salatgurke mit Jogurtkäse mengen. Tahinipaste mit Zitronensaft verrühren. Als Dips mit den Falafelbällchen auf einer Platte anrichten.

150 g griechischer Jogurt (Fettstufe 10%)
400 g-Dose küchenfertige Kichererbsen, abgebraust, abgetropft
4 Knoblauchzehen, abgezogen, zerdrückt
2 TL Kreuzkümmelsamen
1 Bund glatte Petersilie, gehackt
1 Bund Koriandergrün, gehackt
1/2 TL Chiliflocken
1/2 Bund Frühlingszwiebeln, gehackt
1 TL Natron
100 ml Pflanzenöl zum Ausbraten
1 Salatgurke, geschält, in feinen Scheiben
3 TL Tahinipaste
1 TL Zitronensaft

Imam bayildi
– Der Imam fällt in Ohnmacht

1 kg reife Auberginen, längs halbiert, Fruchtfleisch herausgeschabt und leicht mit Salz bestreut, Schalen aufbewahrt
100 ml Olivenöl
2 Gemüsezwiebeln, abgezogen, in feinen Scheiben
2 Knoblauchzehen, abgezogen, zerdrückt
1 Bund glatte Petersilie, fein gehackt
4 Tomaten, von Kernen befreit, in feinen Stücken
Salz und schwarzer Pfeffer aus der Mühle
1 TL Honig
Saft von 1 Zitrone
100 ml Tomatensaft

Ofen auf 190 °C vorheizen. Auberginenfleisch 30 Minuten stehen lassen, dann Salz abspülen. Unterdessen die Zwiebeln mit Knoblauch, Petersilie und Tomaten in einer Pfanne mit 3 EL Olivenöl bei leichter Hitze weich garen. Auberginen trockentupfen, nebeneinander in eine Auflaufform legen. Auberginenfleisch und Füllung mengen und pikant abschmecken. In die Auberginen löffeln. Das restliche Olivenöl mit Zitronensaft, Honig und Tomatensaft mengen und über die Auberginen löffeln. Bei Bedarf noch mit Wasser aufgießen, bis die Auberginen bedeckt sind. Abgedeckt bei Niedrighitze 60-70 Minuten weich garen.

Hauptgerichte

Coq au Riesling

Eine Stärke des Widders liegt in seiner Pionierrolle: Er ist neugierig auf Neues und der festen Überzeugung, dass sich fast alles verbessern lässt. Wie ein klassisches *Coq au vin* aus der französischen feinen Landküche. Köstlich zwar, aber es wird mit Rotwein zubereitet, der dem hellen Fleisch eine seltsame, irgendwie psychedelische Farbe verleiht. Dank deutschem Riesling bleibt das Hühnerfleisch hier appetitlich hell.

Butter und Olivenöl in einem großen Topf (ideal wäre eine Kasserole, in der alle Hühnerteile Platz finden) bei leichter Hitze erwärmen. Speck, Zwiebel und Knoblauch darin bei leichter Hitze anbraten, bis sie Farbe annehmen. Alles aus der Pfanne heben und auf einen Teller geben. Nun Fleischteile von allen Seiten bräunen. Pilze einrühren und bei Mittelhitze garen, bis sie etwas Saft ziehen. Speck, Zwiebel und Knoblauch wieder zugeben, Wein angießen, Topf abdecken. Bei leichter Hitze 20-30 Minuten weich garen. Hitze erhöhen, Calvados angießen, flambieren. Fleisch aus dem Sud heben, Crème double unterziehen. Auf einer großen Platte anrichten und mit Petersilie bestreut servieren. Dazu passt Reis.

100 g Butter
3 EL Olivenöl
200 g durchwachsener Speck,
fein gehackt
1 große Gemüsezwiebel, geschält und gehackt
2-3 Knoblauchzehen, geschält, fein gehackt
1 küchenfertiges Suppenhuhn (ungefähr 1,2 kg), zerteilt
500 g Champignons, mit einem feuchten Tuch gesäubert, halbiert
750 ml Riesling
1 Schnapsglas Calvados
300 ml Crème double
1/2 Bund glatte Petersilie, fein gehackt

Engelshaarpasta mit Scampi – Ihr Glücksrezept

Flammt die Leidenschaft auf, kann der Widder sein wie ein Engel. Und wahres Glück ist es, seine wahre Natur zu erkennen. Denn der Widder kann ja sooo anders sein. Sooo ein Engel. Doch, wirklich!

400 g Scampi, mit Schale, entdarmt
1 Knoblauchzehe, abgezogen, gepresst
1 Msp. Chiliflocken
2 EL Noilly Prat
50 g Butter, in Flocken
Salz und schwarzer Pfeffer aus der Mühle
250 g Kirschtomaten, gewaschen, halbiert
4 EL frische Dillspitzen (aus ca. 1/2 Bund Dill)
400 g Engelshaarpasta (*Capelli d'angeli*)
3 EL Crème fraîche

Scampi von der Schale befreien. Beiseite stellen. Schalen abwaschen und mit Knoblauch und Chiliflocken in einen Topf geben. Mit Wasser bedecken und abgedeckt einmal aufkochen lassen, dann abgedeckt 30 Minuten köcheln, bis die Schalen ihr Aroma ins Kochwasser abgegeben haben. Schalen abgießen, Sud auffangen: Es bleiben 3-4 EL. Scampi im Sud garen, bis sie ihre Farbe verändern. Pasta nach Packungsangabe in Salzwasser al dente kochen. Sud mit Noilly Prat, Butter, Salz und schwarzem Pfeffer, Kirschtomaten und ihrem Saft und Dillspitzen aromatisieren. Pasta nicht abgießen, sondern mit einer Zange direkt in den Sud heben. Crème fraîche unterziehen und alles gut mengen. Heiß servieren.

Pasta-Quickie – Ihr Erfolgsrezept

Schneller Sex. Schnelle Pasta. Klingt nach dem Land, wo Widder am liebsten wohnen.

Spaghetti nach Packungsangabe in sprudelndem Salzwasser al dente kochen. Unterdessen in einer Pfanne die Pinienkerne bei Niedrighitze ohne Fettzugabe mittelbraun anrösten. Butter zerlassen, Mascarpone und Parmesan unterziehen und bei Niedrighitze schmelzen. Spaghetti nicht abgießen, sondern mit der Nudelzange oder einem Salatbesteck direkt aus dem Topf in die Pfanne heben. Auf diese Weise bleibt Kochwasser an den Nudeln und gibt der Sauce die richtige Sämigkeit. Die fertige Pasta auf Portionsteller verteilen, mit Basilikum bestreuen und gleich servieren.

400 g Spaghetti
Salz
100 g Pinienkerne
3 EL Butter
100 g Mascarpone
100 g Parmesan, frisch gerieben
1/2 Bund Basilikum, grob gerupft

Marokkanisches Huhn mit Oliven in der *tajine*

Da Marokko auf der Wunschliste reisefreudiger Widder ganz oben steht, haben Sie die spitz zulaufenden glasierten Töpfe sicherlich schon mal gesehen. Wenn Sie dort keine *tajine* erworben haben oder sie einfach auch nicht schleppen wollten, verwenden Sie alternativ einen Topf mit gut schließendem Deckel.

Die Geflügelhaut mit einem Messer an einer Stelle einschneiden und mit den Fingerspitzen vorsichtig zurückschieben. Kurkuma und Koriandergrün auf dem Fleisch verstreichen, dann die Haut wieder zurückschieben. Alle Zutaten in die *tajine* geben und bei 100 °C 25-30 Minuten weich garen. Haut vor dem Servieren entfernen.

Wenn Sie das Gericht im Kochtopf zubereiten: Alle Zutaten zugeben, mit Hühnerbrühe aufgießen, bei geschlossenem Deckel aufwallen lassen und bei leichter Hitze 30 Minuten weich garen. Haut vor dem Servieren entfernen.

4 Hühnerteile (Brust, Keule) mit Haut, gewaschen, trocken getupft
Ohne tajine: 200 ml Hühnerfond
1 1/2 TL Kurkumapulver
1/2 Bund Koriandergrün, fein gehackt
4 Knoblauchzehen
3 EL Olivenöl
1 ungespritzte Zitrone, geachtelt
200 g grüne Oliven, entsteint
4 EL gemahlene Mandeln

Als Beilage

Süßkartoffelpüree

1 kg Süßkartoffeln, geschält, in groben Stücken
1 EL Salz
100 ml Vollmilch
3 EL Butter
schwarzer Pfeffer aus der Mühle

Süßkartoffeln in Salzwasser 20 Minuten weich garen. Abtropfen, mit dem Kartoffelstampfer musen. Milch unterziehen, dann Butter einarbeiten. Bei Wunsch noch mit Salz und Pfeffer abschmecken.

Tipp

Süßkartoffeln sind von Haus aus sehr aromatisch und brauchen weder Muskatnuss noch andere Würzmittel.

Ratatouille mit Couscous

Vegetarische Widder haben Seltenheitswert, aber Widder haben häufig vegetarische Freunde. Wahrscheinlich wecken sie seinen Beschützerinstinkt. Gelbe Paprika sind übrigens wichtig für das Immunsystem des Widders.

4 EL Olivenöl in einer großen Pfanne erhitzen. Auberginen unter Wasser abspülen, trockentupfen. Zusammen mit den Zucchini bei leichter Hitze 10 Minuten weich garen, bis sie etwas Farbe annehmen. Aus der Pfanne heben; beiseite stellen. Bei Bedarf noch Olivenöl erhitzen. Zwiebel und Paprika weich garen. Knoblauch und Tomaten zugeben und weich garen, bis die Kochflüssigkeit der Tomaten fast verdampft ist. Petersilie unterziehen und mit Salz und Pfeffer abschmecken.

100 ml Olivenöl extra vergine
2 Auberginen, in feinen Scheiben, mit Salz bestreut
5 kleine Zucchini, geputzt, fein gehobelt
1 rote Zwiebel, abgezogen, in feinen Ringen
2 gelbe Paprika, ohne Samen, in Streifen
2 Knoblauchzehen, abgezogen, gepresst
4 Eiertomaten, gehackt (alternativ 400 g Dosentomaten, zerkleinert)
1/2 Bund glatte Petersilie, gehackt
Salz und schwarzer Pfeffer aus der Mühle

Couscous

200 g Instant-Couscous
1/2 EL Ras el-hanout (orientalische Würzmischung)
3 EL Haselnussöl
1 Knoblauchzehe, abgezogen, gepresst
2 EL Tomatenmark
1 EL Honig
Saft von 2 Limetten
Salz nach Geschmack

Instant-Couscous in eine mittelgroße Schüssel geben und mit 400 ml kochendem Wasser begießen. Restliche Zutaten unterziehen. Lauwarm servieren.

New York Steak mit Meerrettich-Glasur

Dieses Rezept bedient sich zweier Chefkochtricks: 1) Das Öl zum Anbraten von Steaks so heiß wie möglich werden lassen. Wenn's raucht, ist es richtig. 2) Fleisch vor dem Anschneiden ruhen lassen, damit sich der Bratensaft im Fleisch verteilen kann und nicht austritt. Das Leben hat für viele Dinge einfache Regeln aufgestellt. Wieso halten sich Widder selten daran?

Ofen auf 200 °C vorheizen. Die ersten vier Zutaten zu einer Marinade verschlagen. Steaks mit Chiliflocken und etwas Salz und Pfeffer einreiben. Öl in einer ofenfesten Pfanne ganz heiß werden lassen. Steaks darin von beiden Seiten eine knappe Minute anbraten, damit sich die Poren schließen können. Nun 10-12 Minuten im Ofen backen, dann sind sie medium-rare. In den letzten Minuten die Marinade auf ihnen verstreichen. Vor dem Servieren 5 Minuten ruhen lassen.

3 EL Dijonsenf
2 EL Honig
1 EL frisch geriebener Meerrettich
4 Stängel frische Pfefferminze, Blättchen abgerebelt, fein gehackt
Salz und schwarzer Pfeffer aus der Mühle
1 TL Chiliflocken
4 mittelgroße Steaks
3 EL Pflanzenöl

Lämmchen mit Pariser Bohnensalat

Jeder Widder sollte sein kleines Lämmchen kennen. Denn jeder Widder hat eins. Denn jeder Widder kann sanft sein wie ein solches.

400 g Keniabohnen, geputzt
2 Knoblauchzehen mit Schale
Salz
200 g Champignons, mit einem feuchten Küchentuch abgerieben, in Scheiben
1 Schalotte, abgezogen, fein gehackt
100 ml Crème fraîche
Saft von 1/2 Limette
4 EL Dillspitzen
4 Scheiben aus dem Lammsattel, entbeint
3 EL Olivenöl
3 EL Butter

Keniabohnen mit Knoblauchzehen in wenig Salzwasser 8 Minuten weich garen. Bohnen abgießen, in eine Schüssel füllen, darüber Champignons und Schalotte anrichten. Crème fraîche mit Limettensaft verquirlen, über das Gemüse gießen. Mit Dillspitzen bestreuen. Bei Bedarf noch salzen und pfeffern. 10 Minuten durchziehen lassen. Fleischstücke in Olivenöl und Butter von beiden Seiten 5-6 Minuten bis zum gewünschten Gargrad braten. Aus der Pfanne heben und auf einer Platte anrichten. Vor dem Servieren 4-5 Minuten ruhen lassen.

Zander im Salzteig

Auch wenn Koch kein typischer Widderberuf ist – da wären neben Geheimagent und Journalist eher Psychologe oder Forscher zu nennen – so könnte sich der Widder mit diesem Gericht in den Gastro-Olymp kochen. Grund: Perfekte Zutaten, auf einfachste Weise umgesetzt, mit herausragendem Resultat. Und wenig Eigenarbeit.

Ofen auf 200 °C vorheizen. Zander sorgfältig unter kalt fließendem Wasser waschen und trockentupfen. Das Innere mit den Zitronenscheiben auslegen. Eiweiße in einer großen Schüssel sorgfältig steif schlagen. Das Salz mit einem Holzlöffel pfundweise unterziehen. Ein Backblech mit Alufolie auskleiden. Knapp die Hälfte des Salzteigs als Straße quer auf dem Blech verstreichen. Den Zander daraufegen; ist er zu groß, trennen Sie einfach den Schwanz ab, bitte nie den Kopf, das wäre arg pietätlos. Mit dem restlichen Salzteig den Fisch regelrecht einbetonieren, bis nirgendwo mehr ein Luftloch zu sehen ist. Den Fisch umgehend in den heißen Ofen schieben; die Hitze sorgt dafür, dass das Salz nicht zerläuft und den Fisch ungenießbar macht, sondern sich dank der Eiweiße augenblicklich zu einer festen Masse verhärtet.

1 Zander, ausgenommen, idealerweise nicht geschuppt
3 ungespritzte Zitronen, eine in Scheiben, die restlichen in Vierteln
6 Eiweiße
3 kg Haushaltssalz
100 g Butter
1 Hammer
1 große Plastiktüte
mehrere Papiertücher

Nach 30 Minuten die Hitze auf 180 °C herunterschalten und noch 15 Minuten backen. Aus dem Ofen nehmen und auf eine Arbeitsfläche legen. Die Butter in einem ofenfesten Töpfchen in der Restwärme zerlassen. Mit einem Hammer längs der Mittelgräte fest zuschlagen und die abspringenden Salzteigplatten gleich in die Plastiktüte tun. Sollten sich dabei Salzkrümel verflüssigen, werden diese mit Papier weggetupft. Die obere Hälfte des Fischs freilegen und gleich auf dem Backblech auf den Tisch bringen. Dazu zerlassene Butter und Zitronenviertel servieren. Um an die untere Hälfte des Fisches zu gelangen, einfach die große Mittelgräte abheben. Als Beilage eignen sich Salzkartoffeln, Spinat oder Feldsalat.

Fondue mit feinen Beilagen

Der Widder setzt lieber Dinge in Gang, als sie zu Ende zu führen. Bei diesem Fondue liefert er die Grundzutaten und die feinen Salate. Den Rest machen die Gäste. Denn sie kochen sich ihr Abendessen in der feinen französischen Fleischbrühe selbst.

Brühe

Hohe Rippe mit kaltem Wasser bedecken, Gewürze zugeben, einmal aufwallen lassen, dann 50 Minuten bei leichter Hitze vollständig durchgaren. Abkühlen lassen. Fettschicht abheben.

500 g Hohe Rippe
1 TL Salz
1 Lorbeerblatt
1 EL Pfefferkörner
1 EL Pimentkörner
1 EL Hühnerbasis oder 2 Suppenwürfel von sehr guter Qualität

Eiersalat

Eier, Cornichons, Gurkenwasser, Mayonnaise und Dijonsenf anrühren, aromatisch abschmecken. Vor dem Servieren idealerweise 2 Stunden durchziehen lassen.

6 Eier, hart gekocht, gewürfelt
6 Cornichons, gewürfelt
2 EL Gurkenwasser
2 EL Mayonnaise
1 TL Dijonsenf
Salz und schwarzer Pfeffer aus der Mühle

Preiselbeermarmelade

Für die Preiselbeerbeilage die Beerenmarmelade mit Cognac und Steakpfeffer scharf abschmecken.

1/2 Glas Preiselbeermarmelade
1 EL Cognac
Steakpfeffer nach Wunsch

Champignonsalat

400 g-Dose Champignons, abgetropft, in feinen Scheiben
2 EL Schmand
1 TL Mayonnaise
Worcestersauce nach Wunsch
Salz und schwarzer Pfeffer aus der Mühle

Champignons, Schmand und Mayonnaise anrühren und mit Worcestersauce, Salz und Pfeffer pikant abschmecken.

Und so geht's

800 g Rinderfilet, angefroren, mit der Brotmaschine in hauchdünne Scheiben geschnitten
2 ofenfrische Baguettes, nach Wunsch diagonal aufgeschnitten oder in großen Stücken

Die Brühe in einem Fonduetopf erhitzen. Das Rinderfilet auf vier Schüsselchen verteilen. Fleisch in die köchelnde Suppe stippen und mit den Beilagen verzehren. Dazu passen Baguette und gekaufte scharfe oder süßsaure Saucen. Ketchup sollte auf keinen Fall fehlen.

Salat vom warmen Lachs mit Haselnuss-Lauch

Stellen Sie sich Ihren Lieblingswidder als Kind vor. Rotzfrech und charmant, draufgängerisch und ungeschickt: Denn wer hatte immer blaue Flecken und abgeschürfte Knie? Natürlich, der Widder. Selbst gesuchte Haselnüsse, selbst gefangener Fisch, Lauch aus dem eigenen Garten… der Widder liebt das Ursprüngliche und Unverfälschte und wäre gerne oder war Huckleberry Finn. Widder-Mädchen übrigens auch. Dieses Rezept ist solchen Kindheitserinnerungen gewidmet.

Lachsfilet unter fließend kaltem Wasser waschen und trockentupfen. Leicht salzen und mit Zitronensaft beträufeln. Fest in Küchenfolie 2 in 1 einwickeln und bei 120 °C (keine Angst, die Folie schmilzt erst bei 160 °C) 15 Minuten glasig backen. Unterdessen den Lauch zusammenbinden und in stark gesalzenem Wasser 12 Minuten weich garen und abgießen. Auf einer Platte anrichten und im Ofen warmhalten. Aus Schmand, Senf, Haselnussöl und Weißweinessig eine Vinaigrette zubereiten, mit Salz und Pfeffer abschmecken. Lachs aus der Folie wickeln, in vier Portionsstücke teilen, über den Lauch legen. Mit Dressing begießen. Dazu passt Reis oder Baguette.

500 g Lachsfilet ohne Haut
Salz
Saft von 1/2 Zitrone
1 kg Lauchstangen, geputzt, gereinigt, im Ganzen
100 ml Schmand
1 EL Dijonsenf
100 ml Haselnussöl
2 EL Weißweinessig
Salz und schwarzer Pfeffer aus der Mühle
Küchenfolie »2 in 1«

Bistro

Lachsfilet mit *beurre rouge*, lauwarmen Linsen und Püree

Diese Sauce aus der feinen französischen Küche ist ein Patentrezept für Ruck-zuck-Raffinesse mit einem betörenden Schuss Bodenständigkeit. Für den Widder wie gemacht. Als Püree eignet sich natürlich auch Kartoffelpüree. Schön für Winterabende oder Sonntage.

Lachsfilets unter kalt fließendem Wasser sorgfältig waschen und trockentupfen. Auf einen Teller legen. Mit Balsamicoessig beträufeln und mit Salz und Pfeffer würzen. Mindestens 1 Stunde abgedeckt im Kühlschrank marinieren lassen. Auf Zimmertemperatur bringen. Rotwein in einen Topf gießen und Schalotten darin bei Mittelhitze garen, bis die Flüssigkeit auf 3-4 EL reduziert ist. Gleichzeitig das Öl in einer Pfanne (idealerweise einer Grillpfanne) erhitzen. Fisch aus der Marinade heben und von beiden Seiten 3-4 Minuten bei mittelhoher Hitze braten, bis das Äußere knusprig, das Innere aber noch saftig ist. Während dieser Grillzeit die Butter mit einem Schneebesen in die Sauce einarbeiten. Bei Bedarf noch salzen und pfeffern. Über den Lachs gießen und gleich servieren.

800 g Lachsfilet, ohne Haut
1 EL Balsamicoessig
Salz und schwarzer Pfeffer aus der Mühle
1 EL Pflanzenöl
500 ml aromatischer Rotwein
2 Schalotten, abgezogen, fein gehackt
60 g eiskalte Butter, in Stücken

Linsen

200 g Puy-Linsen
(Reformhaus)
2 EL Hühnerbasis
1 Knoblauchzehe, im
Ganzen mit Schale
1 ganze Chilischote
1 EL Olivenöl extra
vergine
Salz
1-2 TL Balsamicoessig

Linsen in einem mittelgroßen Topf aufsetzen und mit der doppelten Menge Wasser bedecken. Hühnerbasis unterrühren. Knoblauchzehe und Chilischote zugeben. Einmal aufwallen lassen, dann bei Niedrighitze abgedeckt 30 Minuten weich kochen. Zwischendurch den Flüssigkeitsgehalt überprüfen; bei Bedarf noch etwas heißes Wasser angießen. Zum Schluss sollte die Flüssigkeit fast verkocht sein. Knoblauchzehe aus der Schale drücken und unter die Linsen rühren. Schale und Chilischote entfernen. Linsen mit Olivenöl extra vergine, Salz und Balsamicoessig abschmecken.

Püree aus Esskastanien

3 EL Butter
1/2 Bund Suppengrün,
geschält und ganz fein
gehackt
250 g küchenfertige
Esskastanien (Gemüse-
theke im Supermarkt)
Salz und schwarzer
Pfeffer aus der Mühle
3 EL Crème double

Butter in einem Topf zerlassen. Gemüsewürfel zugeben, gut mengen. Gemüse mit einem Stück Alubackfolie direkt abdecken. Bei Niedrighitze 20 Minuten garen lassen. Esskastanien unterrühren, mit Salz und Pfeffer abschmecken. In der Küchenmaschine pürieren. Crème double unterziehen, nochmals erwärmen, zum Lachs servieren.

Hackfleischröllchen inspiriert von der Pekingente

Von der Pekingente abgeguckt wurde das Prinzip des Einwickelns. Entenfleisch ist durch asiatisch aromatisiertes Hackfleisch ersetzt; die Pfannkuchen durch Radicchioblätter. Diese Form des Essens bringt die hinderlichste Eigenschaft des Widders – seine Ungeduld – zum Vorschein und auch die förderlichste Eigenschaft – Unternehmungsgeist. Wer nicht mit Bedacht wickelt, dem gelingt es nicht. Und wer nicht selbst wickelt, bleibt hungrig.

300 g Lammhack
200 g Rinderhack
3 EL Pflanzenöl
1 Knoblauchzehe, abgezogen, zerkleinert
1/2 Bund Frühlingszwiebeln, in feinen Röllchen
3 Zentimeter Ingwerwurzel, geschält, fein gehackt
1 grüne Chilischote, fein gehackt
1 rote Paprikaschote, ohne Samen, fein gehackt
3 EL Sojasauce
3 EL japanischer Pflaumenwein
1/2 Bund Koriandergrün, fein gehackt
Salz und schwarzer Pfeffer aus der Mühle
1 großer Kopf Radicchio, in Einzelblättern, gewaschen

Hackfleisch in Öl bei mittelhoher Hitze mit der Gabel zerpflücken und von allen Seiten anbräunen. Knoblauchzehe, Frühlingszwiebel, Ingwerwurzel, Chilischote und Paprikaschote unterziehen und 15 Minuten abgedeckt garen. Sojasauce, Pflaumenwein, Koriandergrün und Salz und schwarzen Pfeffer nach Geschmack unterziehen. In die Mitte einer großen Platte füllen. Den restlichen Platz mit Radicchioblättern auslegen. Zum Füllen 1 EL Fleisch in die Mitte eines Radicchioblatts geben, wie eine Zigarre aufrollen und beherzt hineinbeißen.

»Susi & Strolch«-Spaghetti

Walt Disneys Zeichentrickteam muss anno 1955, als dieser Filmklassiker entstand, von Widdern durchsetzt und umzingelt gewesen sein. Denn was definiert das weibliche Widder-Element besser als Susi, verwöhnte Cockerspanieldame mit einem Herzen aus Gold? Und wer kennt nicht einen Widder wie Strolch, der, wäre er nicht Straßenköter, eine abgerockte Lederjacke tragen würde? Wie sich die beiden beim Verzehr von Spaghetti in Tonys Hinterhof nahekommen, ist so schön – das ist auch im wahren Leben möglich. Solche Dinge wusste auch der verstorbene Literat Saul Bellow: Alles, was sich irgendjemand mal ausgedacht hat, könnte mindestens einmal auch im wahren Leben passieren.

1 altbackenes Brötchen
500 g gemischtes Hackfleisch
80 g Pecorino
2 Stängel getrockneter Majoran, Blättchen zerrieben
1-2 TL Salz
1/2 TL Pfeffer
1 große Knoblauchzehe, abgezogen, zerdrückt
1 Ei
3-4 EL Olivenöl

400 g Spaghetti
800 g Dosentomaten, zerdrückt
4 EL Tomatenmark, 2-fach konzentriert
1 TL Zucker
2 TL Salz
1 kleine Chilischote, ohne Samen, fein gehackt
1 Bund Basilikum, gewaschen
1 Spritzer Zitronensaft

Brötchen in Wasser einweichen. Gut ausdrücken, zerpflücken. In einer Schüssel mit Hackfleisch, Parmesan, Zwiebel, Majoran, Salz, Pfeffer, Knoblauch und Ei sorgfältig mengen und pikant abschmecken. Öl in einer großen gusseisernen Pfanne erhitzen. Hackfleischmasse zu kleinen Bällchen (3-4 Zentimeter Durchmesser) rollen und im Olivenöl bei Mittelhitze von allen Seiten knusprig braun braten. Unterdessen die Dosentomaten mit Tomatenmark, Zucker, Salz und Chilischote in einem Topf erhitzen und bei leichter Hitze 30 Minuten einkochen, bis die Sauce sämig ist. Kurz vor Ende der Kochzeit das Basilikumbündel in die Sauce hängen und bis zum Ende der Kochzeit mitgaren; dann entfernen. Spaghetti nach Packungsanweisung in sprudelndem Salzwasser al dente kochen. Nicht abgießen, sondern mit einer Zange aus dem Kochwasser heben, in eine Pastaschüssel füllen und gleich mit der Tomatensauce und den Hackfleischbällchen mengen. Noch heiß servieren.

Desserts

Tarte au citron

Typisch Widder: Trotz sehr direkter Aromen ziemlich raffiniert. Aber als junger Hitzkopf schafft man das noch nicht. Eindeutig ein Rezept für die spätere Lebenshälfte, wenn der Widder nicht mehr mit dem Kopf durch die Wand durchs Leben geht, sondern mit dem Körper durch die weit geöffnete Tür.

Ofen auf 180 °C vorheizen. Mehl und Fette in einer kleinen Schüssel verrühren. 10 Minuten in der Tiefkühltruhe fest werden lassen. In der Küchenmaschine zu Bröseln verarbeiten. Dann den Orangensaft angießen, mit den Fingern schnell zu einem Teig zusammendrücken und im Kühlschrank mindestens 1 Stunde ruhen lassen. Eine Springform mit der restlichen Butter einfetten, Teig darauf verteilen (anfänglich mit dem Nudelholz, dann mit den Fingern festdrücken). Einen 3-4 Zentimeter hohen Rand formen. Mit Alufolie auslegen und mit Trockenerbsen beschweren, dann 30 Minuten blindbacken; sonst würde der Teig durchfeuchten. In der Zwischenzeit Zucker, Eier und Eigelbe schaumig schlagen. Crème double einarbeiten. Zitronensaft unterrühren. Zest unterziehen. Form aus dem Ofen nehmen, Alufolie und Trockenerbsen entfernen. Füllung vorsichtig in die Backform gießen. 40-50 Minuten backen, bis die Füllung eine goldgelbe Farbe angenommen hat und fest geworden ist.

250 g Mehl
70 g eiskalte Butter, in Stücken
+ 1 TL Butter
70 g eiskalte Margarine, in Stücken
Saft von 1/2 Orange
200 g feinster Zucker
4 Eier
2 Eigelbe
1 Becher Crème double
250 ml Zitronensaft (aus 5-6 Zitronen)
Zest von 3 ungespritzten Zitronen
1 Prise Salz

Guglhupf mit Rotwein

Kein Widder, der auf sich hält, verfügt über Rotweinreste. Für dieses Rezept entkorkt er eine neue Flasche. Die Margarine ist übrigens wichtig bei diesem Kuchen, denn sie lässt ihn saftiger werden als Butter.

250 g Margarine
+ 1 TL Margarine
250 g Zucker
4 Eier
400 g Weizenmehl
1 EL Backpulver
2 EL Kakaopulver
(kein Instant-Kakao)
1 TL Zimt
125 ml Rotwein
200 g Bitterschokolade (mind. 70% Kakaoanteil), gehackt
1 EL Gries

Ofen auf 180 °C vorheizen. Margarine und Zucker in einem Topf schaumig rühren. Die Eier nacheinander einarbeiten. Das Weizenmehl mit Backpulver, Kakaopulver und Zimt mengen und vorsichtig einstäuben. Mit dem Mixer sorgsam einarbeiten. Den Wein angießen und vorsichtig verrühren. Die Hälfte der Schokolade einrühren. Masse in eine gefettete und mit Gries ausgestäubte Guglhupfform füllen und 40 Minuten backen, bis der Teig bei der Zahnstocherprobe keine Rückstände aufweist. Aus der Form stürzen, auf einem Kuchenblech abkühlen lassen. Unterdessen die restliche Schokolade im Wasserbad schmelzen. Mit einem Pinsel auf dem Kuchen verteilen. Alternativ gibt es auch Kuvertüre in einer hitzebeständigen Verpackung, die in heißem Wasser flüssig gemacht wird und sich leichter verteilen lässt.

Vanilleeis mit frischer Kokosnuss

Für den faulen, Entschuldigung, für den sich bereits im Stadium der Spiritualität befindlichen und an der unglaublichen Aufwändigkeit des Lebens nicht mehr interessierten Widder. Zwei Zutaten = Ein Gedicht.

Ofen auf 160 °C vorheizen. Die sogenannten Augen der Kokosnuss mit einem Schraubenzieher ausstechen. Kokoswasser aus den Augen herauslaufen lassen. Kokosnuss 20 Minuten im Ofen backen. Dann auf ein Küchentuch legen und mit einem Hammer bearbeiten, der die äußere harte Form zersprengt und das saftige Innere preisgibt. Den größten Teil fein reiben, einige Stücke mit dem Käsehobel abziehen. Eiscreme auf Portionsteller verteilen. Mit Kokosnuss bestreuen und mit Kokoshobeln garnieren.

1 Kokosnuss
500 ml Bourbon-Vanille-Eiscreme sehr guter Qualität

Birnentarte

Hoffentlich leiden Sie als romantischerer Partner eines Widders nicht unter seinem Egoismus und seiner Vernaschsucht. Sonst wünschen Sie sich diese feine Tarte als Versöhnung (oder Vorspiel): Schönheit und Raffinesse der französischen Sterneküche, umgeschrieben auf eine deutsche Miniküche.

Ofen auf 230 °C vorheizen. Birnen schälen, vierteln, entkernen und mit einem Parmesanhobel in hauchdünne Streifen schneiden. Mit Birnengeist beträufeln. Eine Pieform auf der Herdplatte bei Niedrigtemperatur warm werden lassen. Butter, Zucker und die Nelken hineingeben, zerlaufen lassen, gut verrühren, bis sich eine gleichmäßige Schicht gebildet hat. Nelken herausnehmen. Birnenscheiben fächerförmig auf der gesüßten Butter anrichten. Die Blätterteigplatte darüberlegen, fest andrücken. Teigreste abschneiden. 20-25 Minuten im Ofen backen, bis der Teig hellbraun und knusprig ist. Vollständig abkühlen lassen. Zum Servieren die Tarte in der Form nochmals auf der Herdplatte 3-5 Minuten leicht erhitzen, dann beherzt stürzen und gleich servieren.

3 aromatische feste Birnen
1 TL Birnengeist oder anderer Obstgeist
60 g Butter
30 g feinster Zucker
2 Nelken
1 runder TK-Blätterteig

Überraschungstörtchen mit weißer Füllung

Schwarz wie die Sünde, schneeweiß wie die Sühne, brennend wie die Reue... das wären zweifelsohne die Worte der Fernsehwerbung für tiefdunklen Kakao, feine weiße Schokolade und freche Chili. Da der Widder die Worte Sünde, Sühne, Reue nur aus dem Wörterbuch kennt und ihnen keine Bedeutung beimisst, ließe sich dieses Dessert auch nur mit einem Wort beschreiben: Scharf. Diesem Wort misst der Widder viel Bedeutung bei.

200 g backstarkes Mehl (Type 550)
3 EL holländisches Kakaopulver (kein Instant-Kakao)
50 g feiner Zucker
1-2 kleine rote Chilis, fein gehackt, ohne Samen
125 g gesalzene Butter, in Stücken
+ 1 EL Butter
1 Eigelb (Eiweiße lassen sich einfrieren)
1 EL kaltes Wasser
100 g weiße Kuvertüre
250 g Mascarpone

Mehl, Kakao, Zucker und Chili in der Küchenmaschine mischen. Butter zugeben und zu einem krümeligen Teig verarbeiten. Ei unterziehen. Während die Maschine läuft, das Wasser durch die Öffnung in die Mixschüssel gießen. Der Teig nimmt nun eine feste knetbare Konsistenz an. Teig in Küchenfolie wickeln und mindestens 30 Minuten kühl stellen. Unterdessen sechs Förmchen mit der restlichen Butter einfetten und mit etwas Mehl bestäuben; Reste einfach abklopfen. Teig aus dem Kühlschrank nehmen und in sechs Stücke teilen. Mit einer leicht bemehlten Teigrolle zu einem Rund ausrollen und in die Förmchen einpassen. Ofen auf 180 °C vorheizen. Förmchen in die TK-Truhe geben; dann bleiben sie beim späteren Backen schön flach. Nach 30 Minuten direkt aus der TK-Truhe in den Ofen transferieren und 15 Minuten backen, bis der Teig durch ist. Etwas abkühlen lassen, dann aus den Förmchen lösen. Für die Füllung Kuvertüre im Wasserbad schmelzen. Mit Mascarpone mengen. Gebäck auf Tellern anrichten. Mit der Kuvertüre-Mascarpone-Creme beträufeln.

Zuviel-Schokolade-gibt-es-nicht-Kuchen – Ihr Liebesrezept

Aus Georgia kommt dieses Rezept. Und da lebte auch unser aller Heldin Scarlett O'Hara. Sie hat sicherlich Schokolade gegessen. Also trotz Wespentaille auch Fett zu sich genommen, denn sie war eine kluge Frau und wusste instinktiv: ohne Fett produziert der Körper keine Sexualhormone. Das wäre für das leidenschaftliche Temperament des Widders wirklich Gift.

Ofen auf 160 °C vorheizen. Schokolade und Espresso in eine mittelgroße Schüssel geben. Kochendes Wasser angießen. Alles gut verrühren. In einer zweiten Schüssel Zucker und Butter schaumig schlagen. Die Eier nacheinander mit dem Mixer einrühren. Mehl mit Salz und Natron mischen und mit einer Gabel unterziehen. Dann langsam einarbeiten. Vanillezucker mit Schmand mischen und unterziehen. Gelöste Espresso-Schokolade angießen und erst manuell, dann mit dem Mixer unterrühren. Eine längliche Kuchenform mit Backpapier auslegen. Den Teig einfüllen; er ist flüssig. 70-80 Minuten backen, bis der Gartest mit einem Zahnstocher keine feuchten Rückstände mehr aufweist. Kuchen aus der Form nehmen und 1 Stunde auskühlen lassen. Unterdessen die Kuvertüre im Wasserbad schmelzen und den Kuchen mit einem Pinsel mit zerlassener Kuvertüre bestreichen.

200 g Zartbitterschokolade (mind. 70% Kakaoanteil), gehackt
1 EL Espressopulver
400 ml kochendes Wasser
150 g Butter, in Flocken
300 g brauner Zucker
2 Eier
400 g Mehl
1 Prise Salz
1 1/2 TL Natron
150 ml Schmand
150 g Zartbitter-Kuvertüre, zerlassen
1 Tütchen Vanillezucker

Orangenkuchen

Ein Kuchen für das gelassene Erwachsenen-Ich des Widders. Ganz toll: er ist ganz nebenbei auch noch kinderleicht zu backen. Das ist wichtig, denn für gutes Backwerk braucht man normalerweise Geduld. Für mehr über Geduld und Widder lesen Sie bitte bei den Vorspeisen weiter.

Ofen auf 180 °C vorheizen. Butter, Zucker und Salz in einer Rührschüssel mit dem Mixer schaumig schlagen. Eier nacheinander einarbeiten. Mehl und Backpulver mengen, vorsichtig in die Schüssel geben und unterziehen, bis das Mehl nicht mehr staubt. Dann mit dem Mixer sorgfältig einarbeiten. Ein Backblech mit hohem Rand mit Backpapier auslegen. Den Teig darauf glatt verstreichen. 60 Minuten backen, dann mit einem Zahnstocher eine Garprobe machen: Kommt der Zahnstocher ohne Rückstände aus dem Teig, ist der Kuchen gar. Den Kuchen noch heiß mit einer Gabel in einem hübschen Muster ganz eng durchlöchern und mit dem Orangensaft begießen. Auskühlen lassen. Vor dem Servieren mit Puderzucker bestreuen und in Rechtecke teilen.

250 g Butter, bei Zimmertemperatur
200 g Zucker
1 Päckchen Vanillezucker
1 Msp. Salz
4 Eier
250 g Mehl
2 TL Backpulver
Saft von 1 Orange
4 EL Puderzucker

Labne mit Früchten

Hier ist der Widder wieder innovativ: *Labne*, der selbst gemachte Jogurtkäse aus dem vorderasiatischen Raum, wird mit Gelatine und Früchten zu einem Edeldessert verfeinert.

500 g türkischer Jogurt (10%)
1 Tütchen weiße Gelatine
100 ml Cointreau, Muscat de Rivesaltes oder anderer Likör
3 EL flüssiger Honig
500 g geputztes Obst der Saison (schöne Kombinationen sind Nektarinen mit Blaubeeren/Orangen mit Bananen/Äpfel mit Birnen), geputzt, gehackt

Jogurt in ein frisches Küchentuch geben. Küchentuch über eine Schüssel in ein Haarsieb hängen. Über Nacht abtropfen lassen. Am nächsten Tag 3 EL der abgetropften Molke und Likör mengen und leicht erhitzen. Gelatine darin auflösen. Honig zugeben. Unter den Jogurtkäse rühren, in eine hübsche Form füllen und 5 Stunden kühl stellen. Auf eine große Platte stürzen und mit Obst servieren.

Supersexy Cupcakes

Cupcakes sind erwachsene Muffins. Und was ist sexy daran? Stecken Sie doch mal eine Dekokirsche oder eine Cranbeere in die Mitte eines Cupcakes mit puderzuckrig-weißem Überzug (s. **Tipp**), dann wissen Sie es. Oder formen Sie Unanständiges aus Marzipanmasse. Oder schreiben Sie »I love you« und »I want you«: die gesundheitlich unbedenkliche Lebensmittelfarbe gibt's mittlerweile auch in extra dafür gedachten Minituben.

Cupcakes mit Orangenaroma

Ofen auf 180 °C vorheizen. Alle Zutaten in der Küchenmaschine zu einem flüssigen, aromatischen Teig mixen. 12 Muffinförmchen in eine Muffinsbackform legen und zu zwei Dritteln mit dem Teig füllen. 20 Minuten backen.

1 ungespritzte Orange, 20 Minuten in sprudelndem Wasser gekocht
100 g Mehl
1 EL Natron
80 g Zucker
3 Eier
100 g gemahlene Mandeln
1 TL Weihnachtsgewürz oder Zimt
1 EL Cointreau

Elegante Krümelmonster

125 g gesalzene Butter bei Zimmertemperatur
100 g weiße Kuvertüre, grob gehackt
150 g brauner Zucker
2 große Eier
150 g Mehl
1 EL Backpulver
3 EL Milch

Ofen auf 180 °C vorheizen. Alle Zutaten in der Küchenmaschine zu einem Teig verarbeiten. 12 Muffinförmchen in eine Muffinbackform legen und zu zwei Drittel mit dem Teig füllen. 15 Minuten backen.

Tipp: Puderzuckerguß

250 g Puderzucker
4 EL Zitronensaft oder andere Flüssigkeit (Orange, Limette, Cointreau oder ein Schuss Rum)

Puderzucker durch ein Haarsieb in eine Schüssel sieben, Flüssigkeit unterziehen.

Die besonderen Seiten des Widders

Um sechs Uhr wach werden, eine Runde laufen, zehn Stunden voller Leidenschaft arbeiten, konzipieren, diskutieren, nebenbei ein Salami-Baguette verschlingen, rasch nach Hause, anhübschen und aufrüschen und ab ins Theater, auf die Piste und ins Trend-Restaurant: Wenn andere längst erschöpft auf der Strecke geblieben sind, bin ich immer noch aktiv, zuversichtlich und unverwüstlich. Und falls ich doch mal eine Pause brauche, reichen eine Mütze voll Schlaf und ein artgerechtes Essen, um mich wieder auf die Beine zu bringen.

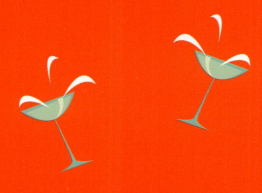

Sushi-Sandwich – Das Rausschmeißerrezept

Der typische Widder braucht eine proteinreiche Ernährung. Reis und Fisch sind ideal. Ach, papperlapapp. Auch dass die Japaner auf Grund dieser Ernährung mit mindestens genauso viel Stress am Hals wie wir Europäer länger leben, obwohl sie keine Privatsphäre haben und sich jeden Abend mit Geschäftsfreunden einen auf die Lampe gießen und trotzdem keinen Herzinfarkt kennen und auch keinen Gebärmutterkrebs, auch das interessiert mich nicht. Manchmal will ich einfach meine Zähne in etwas versenken und vor mich hin mümmeln, weil ich genervt bin, sauer, geladen und überhaupt! Teilen tue ich dieses Sandwich nicht. Das ist ganz für mich allein.

Sushireis mit zwei Esslöffel Ponzu-Sauce und 250 ml Wasser aufsetzen und nach Packungsangabe weich garen. (Achtung: Reis neigt ähnlich wie Milch zum zügellosen Überkochen!). Fertig gegarten Reis abkühlen lassen. Die Seetangplatten auf einer Arbeitsfläche ausrichten. Gleichmäßig mit dem weich gegarten trockenen Reis bestreichen; dabei überall einen fingerdicken Rand lassen. Reis hauchdünn mit Wasabi-Meerrettich bestreichen; das geht am besten mit den Fingern. Dann in der Mitte eine gedankliche diagonale Trennlinie ziehen und den Tunfisch mit etwas Marinade nur auf der einen diagonalen Seite verteilen. Die leeren Ränder des Seetangsblatt vorsichtig mit Wasser befeuchten, damit sie gut haften.. Nun die nur mit Reis belegte Seite über die andere Seite falten. Ränder fest andrücken. 2 Minuten ruhen lassen, dann wiederum in einem diagonalen Schnitt in der Mitte wie ein englisches Sandwich zerteilen. Mit der anderen Seetangplatte genauso verfahren Restliche Ponzu-Sauce zum Dippen reichen.

3 EL Ponzu-Sauce (s. **Rezept**)
100 g Sushireis
425 g Dosentunfisch in Öl, abgetropft
2 große Nori-Seetangplatten
1/2 TL Wasabi-Meerrettich

Ponzu-Sauce

Saft von 1 Limette
1 EL japanischer Reisessig
2 EL Sojasauce
1 EL Mirin
1 EL Bonitoflocken (getrockneter Tunfisch)

Alle Zutaten verrühren, etwas stehenlassen. Die Marinade hält sich mehrere Tage im Kühlschrank.

Das Liebesmenü des Widders

Hier kann es etwas heikel werden. Der geborene Widder ist zwar hinreißend, aber nicht von Geburt an partner- oder beziehungstauglich. Dafür hat er zu viel Temperament, zu viel eigene Meinung, zu wenig diplomatisches Geschick und viel zu viel Energie. Ganz zu schweigen vom Unabhängigkeitsdrang, den er erst nach vielen Jahren Unabhängigkeit ablegt und auch nicht unbedingt, weil es ihn dazu drängt. Eher, weil ihn jemand dazu drängt. Vielleicht ein äußerst liebenswertes Sternbild, das sich in einen Widder verguckt hat. Liebes liebenswertes Sternbild: Vertrauen Sie. Auf das Schicksal, das Leben und die vielen Überraschungen, die Sie mit einem Widder erleben werden.

Amuse-gueule:
Räucherforelle im Salat
mit Bleichsellerie

***

Vorspeise:
Artischocken-Dip aus einer
amerikanischen Feuerwehrstation

***

Hauptgericht:
»Susi & Strolch«-Spaghetti

***

Dessert:
Zuviel-Schokolade-gibt-es-nicht-Kuchen

Das Glücksmenü des Widders

Wer am Anfang steht, so wie der Widder, dem hat das Schicksal eindeutig eine herausragende Position zugedacht. Erkochen muss er sich das Glück nicht. Aber er tut es gerne für Menschen, die etwas weniger Glück haben mit ihrer Position am Firmament.

Amuse-gueule:
Gefüllte Weinblätter

***

Vorspeise:
Pâté en crôute en jambon

***

Hauptgericht:
Engelshaarpasta mit Scampi

***

Dessert:
Birnentarte

Das Erfolgsmenü des Widders

Mit Charme, Klugheit, mitreißendem Schwung, mentaler Klarheit und echt harten Hörnern, die bekanntlich Mauerwerk zersplittern und vonnöten sind, wenn voran genannte Eigenschaften mal nicht ausreichen... ja, mit solchen Eigenschaften ausgestattet ist es kaum ein Wunder, dass der Widder erfolgreich ist. Manchmal hinterlässt er dabei einen ziemlich hohen Haufen Schutt. Nie jedoch verbrannte Erde. Denn der Widder ist überdies einfach ein netter Kerl. Und wem würde man Erfolg mehr gönnen?

Amuse-gueule:
Nüsse zum Apéritif

***

Vorspeise:
Perlgraupensuppe mit griechischem Jogurt

***

Hauptgericht:
Pasta-Quickie

***

Dessert:
Supersexy Cupcakes

Register

Gerichte für den Widder, wenn er Lust hat auf…

asiatische Aromen	36, 68, 88	Gemüse	20-22, 25, 26, 28, 30, 40-41, 44-47, 56
Eis	76		
Erfolg	52, 60	Gesundes	36, 38, 44, 56, 88
Erotik und Leidenschaft	25, 27, 40-41, 51, 52, 78, 80, 84	Kindheitserinnerungen	64
Feuriges	24, 25, 27, 79	Kreatives	40-41, 50, 68, 83
Fisch	18, 60, 64, 66, 88	Meeresfrüchte	35, 51
		Nüsse	24, 34
Fleisch	58, 59, 62-63, 68, 70	Orientalisches	44-47, 54-55, 57, 83
französische Küche	26, 28, 30-33, 50, 78	Pasta	51, 52, 70
		Salat	18, 20, 35
Früchte	83	Schinken	26, 30
Gäste	24, 25, 30-33, 44-47, 50, 62, 74	Schnelles	24, 35, 52
		Schokolade	80
Geduldsproben	20-22, 30-33, 34, 68, 74, 82	Suppe	26, 28, 39, 42
Gebäck und Kuchen	74, 75, 78, 82, 84-85	wenig Arbeit aber Anerkennung	24, 35, 52, 60, 62-63, 66-67, 76, 82
Geflügel	50, 54		

Impressum

© 2005 Neuer Umschau Buchverlag GmbH, Neustadt an der Weinstraße

Alle Rechte der Verbreitung in deutscher Sprache, auch durch Film, Funk, Fernsehen, fotomechanische Wiedergabe, Tonträger jeder Art, auszugsweisen Nachdruck oder Einspeicherung und Rückgewinnung in Datenverarbeitungsanlagen aller Art, sind vorbehalten.

Illustrationen
Josephine Warfelmann

Reihengestaltung
Verena Böning, Karin Steinkamp

Gestaltung und Satz
Karin Steinkamp

Druck und Verarbeitung
Stige S. p. A., San Mauro

Printed in Italy

ISBN 3-86528-243-1

Die Ratschläge in diesem Buch sind von den Autoren und dem Verlag sorgfältig erwogen und geprüft, dennoch kann eine Garantie nicht übernommen werden. Eine Haftung der Autoren und des Verlages für Personen-, Sach- und Vermögensschäden ist ausgeschlossen.

Besuchen Sie uns im Internet
www.umschau-buchverlag.de